RUT

Una mujer cuya lealtad fue más fuerte que su aflicción

Por Marlee Alex

Ilustrado por Alfonso Ruano

Rut
Una mujer cuya lealtad fue más fuerte que su aflicción
Escrito por Marlee Alex
Ilustrado por Alfonso Ruano Davot
Diseño gráfico por Nils V. Glistrup

Drejervej 15, 3er piso, DK 2400 Copenhague NV, Dinamarca
E-Mail: info@sph.as Web: www.sph.as

Concebido, diseñado y producido por Scandinavia Publishing House

Impreso en China
ISBN 9788771326246

RUT

Una mujer cuya lealtad fue más fuerte que su aflicción

Por Marlee Alex

Ilustrado por Alfonso Ruano

Había una vez una joven mujer de nombre Rut que vivía en la tierra de Moab. Rut se había casado con un buen joven cuya madre, Noemí, vivía con ellos. Rut y Noemí eran buenas amigas. Cerca de ellas vivían el hijo mayor de Noemí y su esposa, Orfa. Todos formaban una familia muy unida.

Durante varios años tuvieron una vida buena. Rut no tenía hijos propios, pero estaba contenta y feliz. Sin embargo, ni en sus sueños más descabellados se hubiera imaginado que un día sería la bisabuela de un poderoso rey.

Pasaron los años. Los esposos de Rut y Orfa murieron. Fue una época muy triste. Rut y Orfa extrañaban mucho a sus esposos, y Noemí echaba de menos a sus dos hijos. Además del duelo por sus seres amados, a las mujeres les preocupaba el futuro. En aquellos días, una mujer no podía tener un trabajo y ganarse la vida. Ahora no había nadie que se hiciera cargo de Rut y Orfa, y de su suegra Noemí.

Noemí se sentó con las dos mujeres más jóvenes. Tenía lágrimas en los ojos. “Hace diez años vine desde la tierra de Israel,” dijo. “Nací, crecí y me casé allá. Mis dos hijos nacieron allá antes de mudarnos a Moab. Ahora ellos han muerto y yo siento nostalgia y echo de menos mi país. Por eso he decidido regresar a Israel, donde la gente adora al único Dios verdadero. Además, este año los cultivos allá han sido buenos. Habrá suficiente para comer. Me va a ir bien.”

Rut interrumpió, “Pero, querida Noemí, ¿qué debemos hacer nosotras? Te queremos como si fueras nuestra propia madre.”

Noemí respondió, “Pueden venir conmigo si lo desean. Pero sería mejor si regresaran al hogar de sus padres aquí en Moab. Ellos podrían ayudarles a buscar un nuevo esposo. Deben casarse otra vez, y tener sus propias familias. Merecen una vida mejor que la que yo podría darles.”

Noemí besó a Rut y le dio un fuerte abrazo, después se volvió hacia Orfa y la abrazó. “Las amo a las dos como si fueran mis propias hijas. En verdad han sido unas hijas leales a mí,” dijo tiernamente. “Ahora vayan a casa, porque no tengo nada más que darles.”

Rut lloraba. Entonces Orfa comenzó a llorar también. Noemí dejó de tratar de contener sus propias lágrimas. Las mujeres pensaban que no volverían a verse. Orfa besó a Noemí una vez más, empacó sus pertenencias, y volvió a la casa de su niñez.

Pero Rut se aferró a Noemí y lloró, "Quiero ir contigo a Israel. Quiero quedarme contigo."

Noemí insistió, "Mira, Rut, Orfa ha vuelto con su gente. Tú debes hacer lo mismo."

"¡Por favor no me hagas volver!" Rogó Rut. "Quiero ir donde quiera que tú vayas, y vivir donde tú vivas. Quiero volverme parte del pueblo de Israel, como tú, y adorar al único Dios verdadero. Cuando muera, quiero que me entierren junto a ti."

Rut no iba a cambiar de opinión. Así que Noemí no dijo una palabra más.

Las dos mujeres emprendieron el camino a Israel a pie. Después de muchos días y noches finalmente llegaron a Belén, la aldea donde Noemí creció. Rut y Noemí estaban cansadas. No les quedaba ningún dinero. Tenían hambre y sed. Sus pies estaban ampollados y adoloridos.

Toda la gente en Belén estaba muy ocupada porque había comenzado la cosecha de cebada. Pero algunos se detenían a mirarlas, preguntándose quiénes eran las dos extranjeras. Entonces una mujer anciana reconoció a su vieja amiga. "¿Es posible que seas Noemí?" preguntó.

"No debes llamarme más Noemí," respondió esta, "porque ese nombre significa 'agradable'; mi vida ha dejado de ser agradable. Llámame de algún modo que significa 'amarga', porque así es como me siento ahora. Dejé este pueblo plena y feliz, pero he regresado vacía." Noemí sentía lástima de ella misma. Pero Rut estaba decidida a levantarle el ánimo.

Después de una buena noche de sueño, Rut dijo a Noemí, "Voy a tratar de conseguirnos algo para comer. Ahora mismo están cosechando la cebada. Tal vez puedo conseguir algunos granos sobrantes en el campo. Con ellos podríamos hacer sopa de cebada."

Así que Rut se ató una mascada al cuello y salió hacia el campo. En el primer lugar que encontró, pidió permiso para recoger las sobras de grano, y empezó a trabajar a lo largo de las orillas del terreno. Este pertenecía a un hombre llamado Booz. Rut no sabía que Booz era un pariente de Noemí.

Esa tarde, Booz vino al campo a inspeccionar la cosecha. "¿Quién es esa muchacha?" preguntó a sus trabajadores.

"Es nueva en el pueblo," respondió uno de ellos. "Es la nuera de Noemí, de Moab. Llegó aquí al salir el sol y apenas si ha parado para descansar."

Booz llamó a Rut. "¡Hola!" gritó. "Está bien. Puedes quedarte en mi terreno y recoger todos los granos que caigan detrás de los recolectores. Sólo mantente atrás de las mujeres.

Me aseguraré de que ninguno de los hombres te moleste. Y cuando tengas sed, bebe agua de las jarras que llenan mis sirvientes."

Rut estaba sorprendida de que Booz fuera tan amistoso. "¿Por qué es tan amable con una extraña como yo?" preguntó.

"Bueno, sé quién eres," respondió Booz. Eres la nuera de Noemí. Oí que has sido muy buena con ella. Hasta dejaste a tus propios padres en Moab para venir a Israel y hacer un hogar bajo las alas del Señor Dios. ¡Que Dios te bendiga a ti y a tu trabajo!"

"Oh, gracias, señor," exclamó Rut. "Y gracias por su amabilidad aunque no haya sido empleada por usted."

A la hora del almuerzo, Booz llamó, "Rut, ven. Puedes compartir nuestra comida." Rut se unió a Booz y los otros recolectores. Recibió todo el pan y granos tostados que pudiera comer. Y envolvió una parte en su mascada para llevársela a Noemí.

Cuando Rut volvió al campo después de la comida, Booz dijo a sus sirvientes, “Dejen que recoja todo el grano que quiera. Es más, quiero que saquen algunos tallos y los dejen caer a propósito para que ella los encuentre.”

Rut siguió trabajando hasta el anochecer, y entonces regresó con Noemí. Rut quitó los granos de las varas, y descubrió que había suficiente cebada para llenar una cesta grande. Tanta cebada iba a durar mucho tiempo.

Noemí estaba sorprendida y complacida. "¿Dónde conseguiste todo esto, Rut? Alguien debe haber sido muy amable contigo. Bendigo su corazón. Dime, ¿cómo lograste recolectar tanto?"

Rut le dijo a Noemí todo sobre Booz y lo que había pasado ese día.

"¡Alabado sea el Señor!" Exclamó Noemí. "¿Sabías que este hombre, Booz, es un pariente nuestro?"

“No, pero me preguntaba por qué era tan amable conmigo. ¡Hasta me dijo que podía quedarme y recoger grano en su tierra hasta el fin de la cosecha!”

“Rut, eso es maravilloso. Y si te quedas cerca de las otras mujeres recolectoras, como dijo Booz, estarás a salvo. No tendré que preocuparme por ti en absoluto.”

Ruth y Noemí tuvieron suficiente para comer durante todo el verano, y empezaron a construir una nueva vida. Entonces, un día, Noemí le dijo a Rut, "Es tiempo de que te cases otra vez. Quisiera ayudarte a encontrar un hombre bueno."

"Noemí, estamos bien así. Dios seguirá siendo nuestro proveedor," respondió Rut.

Pero Noemí actuaba como si no hubiera escuchado. "¿Qué tal Booz?" continuó. "Después de todo, ha sido amable. Él sería un buen esposo. Ya sabes, esta noche estará trabajando en la era."

"Pero Noemí," respondió Rut, "ser amable es una cosa. Tomar una esposa es otra muy distinta. ¿Estás segura de que esta es la forma apropiada para conseguir un esposo?"

Noemí le explicó, "En este país, cuando un hombre muere, la costumbre es que su pariente más cercano se haga cargo de su familia. Booz es nuestro pariente. Lo natural y correcto es que él se case contigo."

Finalmente Rut aceptó, "De acuerdo, Noemí, haré lo que digas."

"Escucha, hija mía. Esto es lo que harás. Toma un baño tibio y vístete con tu mejor vestido. También pon un poco de perfume detrás de tus orejas. Después, ve hasta la era, donde Booz está trabajando, pero no dejes que te vea. Cuando haya terminado su cena y se acueste, espera hasta que esté dormido. Entonces ve y acurrúcate a sus pies."

Esa noche, Booz despertó y notó que había alguien acostado a sus pies. "¿Quién eres?" susurró en la oscuridad.

"Soy Rut, tu pariente cercana," respondió ella. "Estoy aquí para buscar tu protección. Necesito la seguridad de un buen matrimonio."

"¡Pero, Rut! Que el Señor te bendiga," exclamó Booz. "Tu lealtad hacia mí es tan grande como lo es hacia Noemí. ¿Estás dispuesta a casarte conmigo, en lugar de buscar un hombre más joven? Todos en Belén saben que eres una mujer excepcional. Tomarte como mi esposa sería un honor."

Fue así que Booz y Rut se casaron.
Y, meses después, tuvieron un hijo.

Noemí estaba feliz de convertirse en abuela. “Rut, has sido para mí una bendición mayor que siete hijos. ¡Este pequeño nieto me hace sentir joven otra vez!”

Los vecinos de Noemí dijeron, “Pensamos que debes llamar a este niño ‘Obed’. Tal vez algún día será famoso.” (Y Obed fue el abuelo del rey más grande de Israel, el Rey David.)

Rut había sido leal a Noemí a pesar de su propio dolor y su tristeza. La siguió hasta Israel y trabajó duro buscando empezar una nueva vida para ambas. Después Booz fue bueno con Rut.

Se hizo cargo de ella y la amó. Rut se convirtió en madre. Será recordada como la bisabuela de un rey bueno y poderoso, y como una mujer que supo ser una verdadera amiga.

Podrás encontrar la historia de Rut en el Antiguo Testamento, en el libro de Rut.